AF369698

EDICT DV ROY,

PORTANT IMPOSITION

& leuée pendant deux années, à commencer du premier Ianuier 1637. de quatre liures pour chacun minot de sel és Greniers de la Generalité de Paris ; & de trois liures és Greniers des autres Generalitez dependans du ressort de la Cour des Aydes de Paris, outre les leuées qui se font à present en tous lesdits Greniers. *Decembre 1636.*

VERIFIE' EN LA COVR DES

Aydes de Paris le 14. Mars 1637.

A PARIS,

Chez FRANÇOIS IACQVIN Imprimeur, ruë des Massons. 1637.

(8)

OVIS PAR LA
GRACE DE DIEV
ROY DE FRAN-
CE ET DE NA-
VARRE: à tous pre-
sens & à venir, salut. Les grandes
despenses que Nous auons supportez
depuis nostre aduenement à cette
Couronne, & que Nous sommes
contrainets de continuer pour la sub-
sistance des Armées que Nous tenons
sur pied, tant par mer que par terre,
dedans & dehors nostre Royaume,
pour nous opposer aux anciens enne-
mis de cet Estat ; Ont tellement di-
minué le fonds de nos Finances, à
cause des alienations que Nous auons
esté necessité de faire pour subuenir
ausdites despenses, de la pluspart de

A ij

nos Domaines, Tailles, Gabelles, Aydes, & autres reuenus, & particulie-
rement ce qui Nous restoit de nos
droicts de Gabelles, qu'il se trouue
maintenant vne grãde faute de fonds,
pour le payement des gages, rentes, &
autres charges assignées, sur lesdites
Gabelles: Laquelle s'augmentant de
iour à autre, à cause des mesventes ar-
riuées dans les Greniers à sel, par les
desordres de la guerre, & de la mala-
die contagieuse, qui a affligé l'année
derniere & la presente la pluspart des
Prouinces de nostre Royaume, où
lesdites Gabelles ont cours, qu'il Nous
est impossible de satisfaire au payement desdites charges, & à la subsi-
stance desdites Armées, que par le secours de quelque nouuelle imposition
sur lesdites Gabelles, pour quelques
années seulement, en attendant que
par le progrez de nos Armées, Nous

puissions donner à nos suiets vne bon-
ne & durable paix, & pouruoir à leur
soulagement, estimant qu'ils souffri-
ront plus volontiers ceste imposition,
puis que c'est pour vn si bon subiet :
& que toutes sortes de personnes de
quelque qualité, & condition qu'el-
les soient y contribuent. A CES
CAVSES, sçauoir faisons qu'apres
auoir mis ceste affaire en deliberation
en nostre Conseil, où estoient aucuns Princes, & autres grands & no-
tables personnages. DE l'aduis d'i-
celuy, & de nostre certaine science,
plaine puissance & authorité Royale,
Nous auons par cestuy nostre Edict
perpetuel & irreuocable, dict, statué,
& ordonné, disons, statuons, & ordonnons, voulons & Nous plaist,
que doresnauant à commencer au
premier iour de Ianuier de l'année
prochaine mil six cens trente-sept,

A iij

il soit imposé & leué pendant deux
années, quatre liures sur chacun minot de sel qui sera vendu & distribué
ez Greniers à sel de la Generalité de
Paris; & trois liures aussi sur chacun
minot de sel qui sera vendu en tous
les Greniers des autres Generalitez
dependans du ressort de nostre Cour
des Aydes de Paris, outre les leuées
qui se font à present en tous lesdits
Greniers, pour estre receus à la vente
& distribution du sel qui sera faicte
dans lesdits Greniers par les Fermiers
de nosdites Gabelles, & leurs Com-
mis ou Procureurs en chacun Gre-
nier, ou autres personnes que Nous
commettrons à ceste fin, & les deniers prouenans de ladite imposition
employez à la manque du fonds qui
se trouuera pour le payement desdites charges assignées sur lesdites Gabelles; & le surplus à partie du paye-

ment de nosdites Armées, & autres
affaires importantes de nostre Estat,
selon qu'il sera par Nous ordonné,
sans qu'ils puissent estre diuertis ail-
leurs, pour quelque cause & occasion
que ce soit, à peine d'en respondre
par les Ordonnateurs, & de restitu-
tion contre les parties prenantes. SI
DONNONS EN MANDE-
MENT à nos Amez & Feaux Conseillers, les gens tenans nostre Cour
des Aydes à Paris, Presidens, & Tre-
soriers generaux de France, des generalitez du ressort de ladite Cour: Et
aux Officiers des Greniers à sel en dependans chacun en droict soy, que
cestuy nostre present Edict, ils fassent
publier, registrer, & executer incon-
tinent purement & simplement, cessans & faisans cesser tous troubles &
empeschemens au contraire, nonobstant tous Edicts, Ordonnances, man-

demens , deffenses , & lettres à ce con-
traires ; ausquelles & à la derogatoire
des dérogatoires y contenuës , Nous
auons derogé & dérogeons par ces
presentes , nonobstant aussi opposi-
tions ou appellations quelconques,
desquelles si aucunes interuiennent ,
Nous nous reseruons la cognoissan-
ce en nostredit Conseil ; & icelle in-
terdisons & deffendons à toutes nos
Cours & autres Iuges. CAR tel est
nostre plaisir ; Et afin que ce soit
chose ferme & stable à tousiours ;
Nous auons faict mettre nostre scel
à cesdites presentes, sauf en autres cho-
ses nostre droict , & l'autruy en
toutes. DONNE' à Noisy au mois
de Decembre , l'An de grace mil six
cens trente-six : Et de nostre Regne
le vingt-septiesme, signé LOVIS.
Et sur le reply par le Roy signé DE
LOMENIE. Et scellé en dou-
ble

ble quëüe de cire verte en lacs de
foye rouge & verte. Et à coſté VISA:
Et ſur ledit reply eſt eſcrit.

Regiſtrées en la Cour des Aydes, Ouy
le Procureur general du Roy, pour eſtre
executées ſelon leur forme & teneur; fors
dans les Greniers & Chambres des Pays
du grand Impoſt, & cependant le temps
de deux ans mentionné eſdites Lettres ſeu-
lement: & ſans que tous ceux qui ſe trouueront auoir des droicts à prendre ſur le
prix du ſel en puiſſent pretendre aucun ſur
l'impoſition deſdits quatre & trois liures,
laquelle augmentation ſera égalée par les
Officiers des Greniers ſur les poids dont
les Regratiers ſe ſeruent pour faire la ven-
té & diſtribution du ſel en deſtail: Auec
deffences auſdits Regratiers d'exiger plus
grandes ſommes, ſur peine de mil liures
d'amende, & de punition exemplaire, ſui-
uant l'Arreſt du iourd'huy.   Donné à

B

Paris, les Chambres assemblées , le quator-
ziesme iour de Ianuier mil six cens trente-
sept. Signé BOVCHER.

IVSSION.

LOVIS PAR LA GRACE
DE DIEV ROY DE
FRANCE ET DE NA-
VARRE, A nos Amez &
feaux Conseillers les Gens tenans nostre Cour des Aydes à Paris, Salut.
Pour les causes contenuës en nos
Lettres de Declaration du mois de
Decembre dernier, Nous auons ordonné que doresnauant, à commencer au premier iour de Ianuier de
l'année presente mil six cens trente-
sept, il seroit imposé & leué pendant

deux années quatre liures sur chacun
minot de sel qui seroit vendu & distribué ès Greniers à sel de la Generalité
de Paris ; & trois liures aussi sur chacun minot de sel qui seroit vendu en
tous les Greniers des autres Generalitez , dependans du Ressort de no-
stredite Cour des Aydes , outre les
leuées qui se font à present en tous lesdits Greniers, pour estre receus à la
vente & distribution du sel, qui sera
faite dans les Greniers , par les Fermiers de nosdites Gabelles leurs Com-
mis , ou Procureurs en chacun Gre-
nier , ou autres personnes que nous
commettrons a cette fin ; & les deniers prouenans de ladite imposition
employez conformément a nosdites
lettres ; lesquelles vous ayans esté pre-
sentées pour estre registrées , vous
l'auriez ordonné par vostre Arrest du
quatorziesme iour du present mois
B ij

de Ianuier, pour estre executées, fors
dans les Greniers & Chambres du
pays du grand Impost ; laquelle modification, si elle auoit lieu nous pri-
ueroit du secours que nous attendons
de l'effect desdites lettres , en ce que
le plus grand debit de sel est dans
les Greniers d'impost ; ce que voulans
estre au plustost reparé affin de nous
seruir desdits deniers , suiuant les de-
stinations d'iceux , pour des despences
tres-pressées de la Guerre qui ne peu-
uent souffrir de retardement. A CES
CAVSES, apres auoir fait veoir en
nostre Conseil lesdites lettres & vo-
stredit Arrest cy attaché & soubs le
contrescel de nostre Chancellerie , de
l'aduis d'iceluy , & de nos plaine puissance, & authorité Royale : NOVS
vous mandons & ordonnons par ces
presentes signées de nostre main, qui
vous seruiront de premier & finalle

Iuſſion, & de tout autre plus exprez & abſolu commandement que ſçauriez ſur ce attendre de nous, que toutes affaires ceſſans & poſtpoſées vous ayez à leuer ladite modification, & ordonner que leſdites lettres de declaration ſeront regiſtrées au Greffe de noſtredite Cour, purement & ſimplement, Nonobſtant voſtredit Arreſt & cauſes motifues d'iceluy, que ne voulons auoir lieu: Enioignons à noſtre Procureur general en noſtredite Cour de faire pour ce, toutes inſtances & requiſitions neceſſaires, & nous tenir aduerty inceſſamment du deuoir & diligence qui y auront eſté apportez. CAR TEL EST NOSTRE PLAISIR: Donné à Paris le vingt-vnieſme iour de Ianuier, l'an de grace mil ſix cens trente-ſept: Et de noſtre regne le vingt-ſeptieſme. Signé LOVIS. Et plus

bas, par le Roy DE LOMENIE;
Et fcellé en fimple queüe du grand
fceau de cire jaulne; Et au bas eft
efcript;

*Regiftrées en la Cour des Aydes, ouy
le Procureur general du Roy, pour eftre
executées felon leur forme & teneur, fui-
uant l'Arreft du iourd'huy; Donné à Paris, les Chambres affemblées, le quator-
Ziefme Mars mil fix cens trente-fept.
Signé,* BOVCHER.

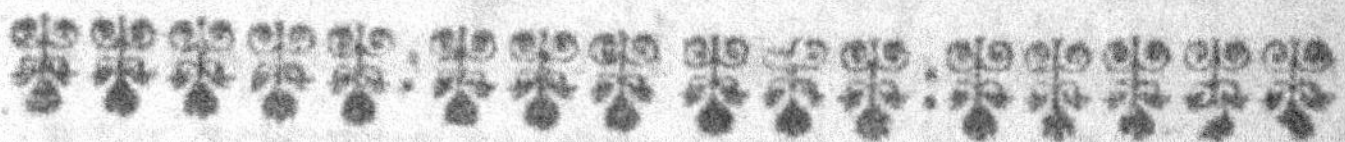

EXTRAICT DES REGISTRES
de la Cour des Aydes.

VEV par la Cour, les Chambres affemblées, l'Arreft d'icelle, du quatorziefme iour de Feurier

dernier, donné fur les lettres patentes du Roy, en forme d'Edict, don-
nées à Noiſy, au mois de Decembre
mil ſix cens trente-ſix, par leſquel-
les ſa Maieſté veut & luy plaiſt que
pendant deux années commencées
au premier iour de Ianuier, il ſoit
leué quatre liures ſur chacun minot
de ſel qui ſeroit vendu & diſtri-
bué és Greniers de la generalité de
Paris, & trois liures auſſi ſur chacun minot de ſel qui ſera vendu ez
autres Greniers, des generalitez du
reſſort de ladite Cour, outre les autres leuées, qui ſe font en tous leſ-
dits Greniers, pour eſtre les deniers
receus & employez, ainſi qu'il eſt
au long exprimé eſdites lettres: Par
lequel Arreſt ladite Cour auroit ordonné qu'icelles lettres, ſeroient regiſtrées au Greffe d'icelle, pour eſtre
executées ſelon leur forme & teneur

fors dans les Greniers, & Chambres du pays du grand Impost, pour ledit temps de deux ans seulement, & sans que tous ceux qui se trouueront auoir des droicts à prendre sur le prix du sel, en puissent pretendre aucuns sur l'imposition desdits quatre liures, & trois liures, laquelle augmentation seroit esgallée, par les Officiers des Greniers, sur les poids dont les Regratiers se seruent pour faire la vente, & distribution du Sel en destail, auec deffences ausdicts Regratiers, d'exiger plus grande somme à peine de mil liures d'amande & de punition exemplaire. Autres lettres patentes du Roy. Donné à Paris le vingt-vniesme iour dudit mois de Ianuier, signé LOVIS. Et plus bas, par le Roy, DE LOMENIE. Et scellées sur simple

ple queüe de cire jaulne, portant
mandement à ladicte Cour qu'elle
prendroit pour premiere & finalle
Iussion, & sans attendre vn plus
expres, & absolu commandement,
elle eust tous affaires cessans & post-
posez à leuer la modification por-
tée par ledict Arrest, & à verifier
purement & simplement lesdictes
lettres y mentionnées, nonobstant
ledict Arrest & les causes motiues
d'iceluy, que sadite Majesté ne veut
auoir lieu. Conclusions du Procureur general du Roy : Et tout
consideré. LA COVR A
ORDONNE' ET OR-
DONNE, que lesdictes let-
tres de Iussion seront registrées au
Greffe d'icelle, pour estre executées
selon leur forme & teneur. Faict
à Paris en ladite Cour des Aydes, le

quatorziesme iour de Mars mil six
cens trente-sept.

Signé   BOVCHER.

Collationné aux Originaux par moy
Conseiller & Secretaire du Roy &
de ses Finances.